님

튼튼이 무탈교실
scheduler

이번 해에도
무탈한 학급경영을 위한
무탈 스케줄러~!

i-Scream

삼월 MARCH

일	월	화	수

목	금	토	
			week 1
			week 2
			week 3
			week 4
			week 5

MARCH

/

/

/

/

/

/

/

무탈지수

오늘 하루 무탈하고 만족스러운 학급경영을 하셨나요?
그럼, 무탈지수로 표시해보세요!

- 하루에 3칸을 기준으로 합니다.
- 만족스러운 학급경영을 했으면 3칸,
  대체로 만족스러웠다면 2칸,
  조금 만족했다면 1칸을 칠합니다.
  불만족했다면 칠하지 않습니다.
- 한 주 동안의 '무탈함' 정도를 한 눈에
  확인하실 수 있습니다.

매주 15칸 모두 색칠하시길 바라며...
오늘도 무탈하세요!

MARCH

/

/

/

/

/

/

/

무탈지수

MARCH

/

/

/

/

/

/

/

무탈지수

MARCH

/

/

/

/

/

/

/

무탈지수

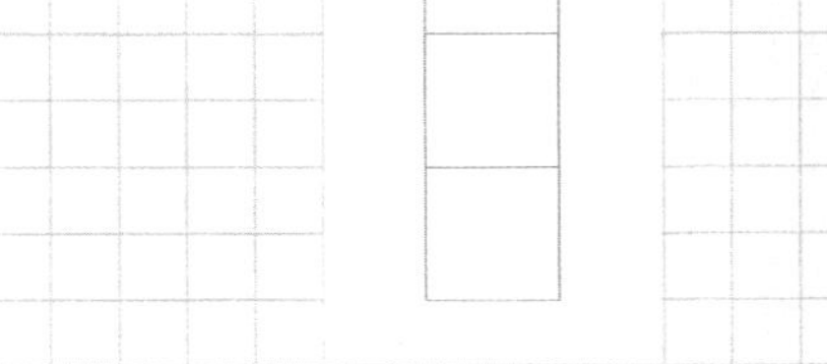

사월 APRIL

일	월	화	수

목	금	토	
			week 1
			week 2
			week 3
			week 4
			week 5

APRIL

/

/

/

/

/

/

/

무탈지수

APRIL

/

/

/

/

/

/

/

무탈지수

APRIL

/

/

/

/

/

/

/

무탈지수

APRIL

/

/

/

/

/

/

/

무탈지수

오월 MAY

일	월	화	수

목	금	토	
			week 1
			week 2
			week 3
			week 4
			week 5

MAY

/

/

/

/

/

/

/

무탈지수

MAY

/

/

/

/

/

/

/

무탈지수

MAY

/

/

/

/

/

/

/

무탈지수

M A Y

/

/

/

/

/

/

/

무탈지수

유월 JUNE

일	월	화	수

목	금	토	
			week 1
			week 2
			week 3
			week 4
			week 5

JUNE

/

/

/

/

/

/

/

무탈지수

JUNE

/

/

/

/

/

/

/

무탈지수

JUNE

/

/

/

/

/

/

/

무탈지수

JUNE

/

/

/

/

/

/

/

무탈지수

칠월 JULY

일	월	화	수

목	금	토	
			week 1
			week 2
			week 3
			week 4
			week 5

JULY

/

/

/

/

/

/

/

무탈지수

J U L Y

/

/

/

/

/

/

/

무탈지수

JULY

/

/

/

/

/

/

/

무탈지수

JULY

/

/

/

/

/

/

/

무탈지수

팔월 AUGUST

일	월	화	수

목	금	토	
			week 1
			week 2
			week 3
			week 4
			week 5

AUGUST

/

/

/

/

/

/

/

무탈지수

AUGUST

/

/

/

/

/

/

/

무탈지수

AUGUST

/

/

/

/

/

/

/

무탈지수

AUGUST

/

/

/

/

/

/

/

무탈지수

구월 SEPTEMBER

일	월	화	수

목	금	토	
			week 1
			week 2
			week 3
			week 4
			week 5

SEPTEMBER

/

/

/

/

/

/

/

무탈지수

SEPTEMBER

/

/

/

/

/

/

/

무탈지수

SEPTEMBER

/

/

/

/

/

/

/

무탈지수

SEPTEMBER

/

/

/

/

/

/

/

무탈지수

시월 OCTOBER

일	월	화	수

목	금	토	
			week 1
			week 2
			week 3
			week 4
			week 5

OCTOBER

/

/

/

/

/

/

/

무탈지수

OCTOBER

/

/

/

/

/

/

/

무탈지수

OCTOBER

/

/

/

/

/

/

/

무탈지수

OCTOBER

/

/

/

/

/

/

/

무탈지수

십일월 NOVEMBER

일	월	화	수

목	금	토	
			week 1
			week 2
			week 3
			week 4
			week 5

NOVEMBER

/

/

/

/

/

/

/

무탈지수

NOVEMBER

/

/

/

/

/

/

/

무탈지수

NOVEMBER

/

/

/

/

/

/

/

무탈지수

NOVEMBER

/

/

/

/

/

/

/

무탈지수

십이월 DECEMBER

일	월	화	수

목	금	토	
			week 1
			week 2
			week 3
			week 4
			week 5

DECEMBER

/

/

/

/

/

/

/

무탈지수

DECEMBER

/

/

/

/

/

/

/

무탈지수

DECEMBER

/

/

/

/

/

/

/

무탈지수

DECEMBER

/

/

/

/

/

/

/

무탈지수

일월 JANUARY

일	월	화	수

목	금	토	
			week 1
			week 2
			week 3
			week 4
			week 5

JANUARY

/

/

/

/

/

/

/

무탈지수

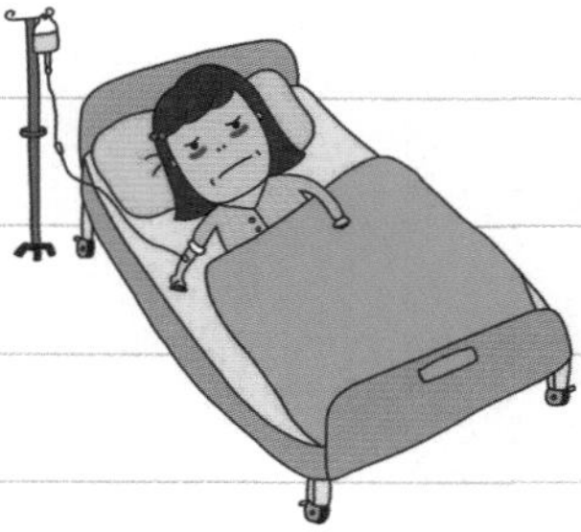

JANUARY

/

/

/

/

/

/

/

무탈지수

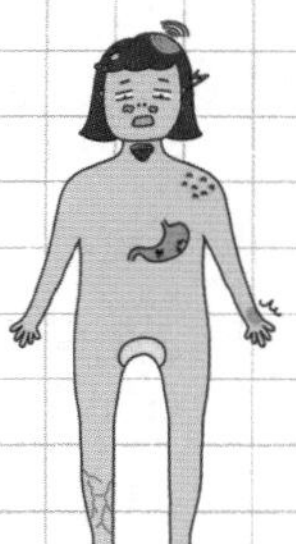

JANUARY

/

/

/

/

/

/

/

무탈지수

JANUARY

/

/

/

/

/

/

/

무탈지수

이월 FEBRUARY

일	월	화	수

목	금	토	
			week 1
			week 2
			week 3
			week 4
			week 5

FEBRUARY

/

/

/

/

/

/

/

무탈지수

FEBRUARY

/

/

/

/

/

/

/

무탈지수

FEBRUARY

/

/

/

/

/

/

/

무탈지수

FEBRUARY

/

/

/

/

/

/

/

무탈지수